LA
QUESTION ARMÉNIENNE

SES ORIGINES

SON PASSÉ, SON AVENIR

PARIS

VICTOR PALMÉ, ÉDITEUR

25, RUE DE GRENELLE SAINT-GERMAIN

—

1876

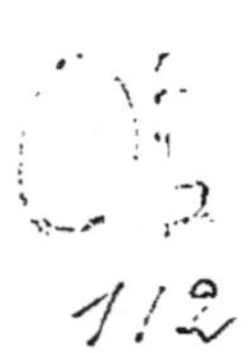

QUESTION ARMÉNIENNE

SES ORIGINES

SON PASSÉ, SON AVENIR

I

Les graves événements, d'un aspect plus général, dont l'Orient depuis quelques mois nous donne le spectacle, ont détourné l'attention du public d'une question qui s'agite dans ces contrées depuis plus de cinq ans. La question arménienne, pour être restreinte seulement au sein d'une communauté et circonscrite dans une lutte qui ne présente pas le côté sanglant du drame qui se déroule sur les champs de bataille, n'en est pas moins une des plus graves, car elle remet en question de grands principes qui semblaient conquis pour l'empire ottoman depuis 1856 au prix de grands sacrifices, à savoir la liberté de leur culte assurée par le hatti-humayoun aux nations chrétiennes sujettes de l'empire ottoman, grâce aux stipulations du traité de Paris.

On sait comment une nation qui compte plus de cent mille âmes subit aujourd'hui la violation de sa plus chère liberté, est dépossédée de son droit de s'ériger en communauté, ce qui seul implique en Turquie les droits de la personnalité civile, comment elle est dépouillée de toutes ses propriétés nationales et privée de tous ses pasteurs, qui sont dépossédés de leurs siéges de par l'autorité du sultan. On sait aussi que cette nation, tout en protestant toujours de ses droits inaliénables et sacrés, n'a jamais voulu recourir à la violence pour s'opposer à la force brutale. Néanmoins, quelque paisible que soit l'esprit qui anime la race arménienne, il est à craindre que des désordres graves, allant jusqu'à l'effusion du sang, comme ceux qui eurent lieu à Angora, ne se produisent ailleurs, en présence des traitements et des agissements barbares des autorités. Il serait donc du devoir des puissances européennes, qui montrent une si grande sollicitude pour le sort des populations chrétiennes d'Orient, de vouer leurs soins à cette malheureuse question, d'étudier les causes réelles qui ont amené cet état de choses, et d'indiquer la solution que commandent, avec l'équité et la justice audacieusement violées et méconnues, les intérêts bien entendus de l'empire ottoman. En vue d'établir ce devoir, il ne paraîtra pas inutile de refaire brièvement l'histoire de l'état des choses tel qu'il existait, avant même la naissance de cette question, au sein de la communauté arméno-catholique.

II

Il existait de longue date, dans la nation arménienne catholique, un parti qui entretenait des tendances hostiles aux institutions et à l'esprit du Saint-Siége, et travaillait au renversement de l'autorité spirituelle, qu'elle cherchait à dominer et à asservir par tous les moyens possibles. Comme les radicaux de l'Occident qui poursuivent l'asservissement de la domination de l'Eglise par l'Etat, grâce aux progrès que la franc-maçonnerie et le rationalisme ont opérés en Orient, grâce aussi, disons-le, à l'esprit inhérent aux populations orientales, la lutte devenait de plus en plus périlleuse. Le chef de l'Eglise arménienne, Mgr Hassoun, était le point de mire d'attaques, de calomnies et d'outrages sans nom. Malheureusement le clergé arménien lui-même offrait un aliment à cette lutte : il était divisé en deux corps, le séculier et le régulier ; celui-ci, composé de trois ordres différents, a toujours voulu se soustraire à l'autorité ecclésiastique afin de ne se soumettre à aucune discipline.

Contrairement à tous les usages de l'Eglise catholique, et même des Eglises orientales, ces religieux, ne voulant pas s'astreindre à la vie monastique, tantôt arguaient des prérogatives dont jouissent tous les moines en Occident pour échapper à l'autorité nationale diocésaine, tantôt s'autorisaient de l'esprit de l'Eglise nationale arménienne pour repousser la discipline qui s'impose aux moines de l'Occident, et continuer ainsi une vie qui n'était rien moins que religieuse. Bientôt on les vit se mettre à la tête de ceux qui se distinguaient par leur opposition à l'autorité ecclésiastique et l'exagération de leurs principes équivoques. Sauf quelques nobles exceptions, ces moines, pour se conserver une certaine popularité, et s'appuyer au besoin sur elle, se crurent obligés de ménager cette coterie, même dans ses desseins les plus hostiles à l'autorité de leur pasteur et à celle du Saint-Siége.

On peut dire que cet état de choses remonte à l'établissement même de l'Eglise catholique à Constantinople; aussi les prédécesseurs de Mgr Hassoun, pas plus que lui, n'avaient-ils pu remédier à cet état déplorable, qui équivalait presque à un schisme latent et permanent.

Peut-être les limites restreintes de l'autorité de l'archevêque-primat a-vaient-elles contribué à perpétuer ce ré-gime; en effet, l'on pouvait constater, dans ces luttes constantes entre l'arche-vêque-primat et un clergé récalcitrant, que le premier n'était pas celui qui pa-raissait remporter la victoire. Nous pour-rions citer des faits à l'appui; mais notre but étant uniquement d'esquisser ici l'é-tat de choses qui engendra la question arménienne, nous passons rapidement sur ces dissensions. Qu'il nous suffise de dire que l'affaiblissement de cette autorité emportait des effets funestes, arrêtant même les progrès du catholi-cisme parmi les arméniens schismati-ques, chez lesquels se manifestait, de-puis quelque temps, le désir de reve-nir à l'union avec la mère Eglise.

Dans la Cilicie, où l'autorité du pa-triarche était maintenue intacte, exempte des assauts des moines, l'u-nion était constante et le progrès ca-tholique plus marqué. Le calme cons-tant dont jouissait la patriarcat mili-tait donc en faveur de l'organisation de ce système. Le Saint-Siége, par conséquent, devait être pénétré de ses avantages ; aussi appelait-il de tous ses vœux l'occasion d'unir les deux siéges sous l'autorité d'un seul patriarche. On sait qu'en 1866 cette fusion s'est opérée ; Mgr Hassoun, élu et confirmé par le Saint-Père, fut reconnu par la Porte dans la possession de son siége, qui embrassait la juridiction sur tous les Arméniens catholiques de l'empire ottoman. Dès lors, on fut fondé à espérer une nouvelle ère de prospérité pour cette malheureuse nation.

III

Le Saint-Siége, tout en confirmant Mgr Hassoun comme patriarche, ne lui conservait réellement que l'autorité d'un simple archevêque, car la nouvelle bulle *Reversurus* étendait les dispositions de la bulle *Licet*, précédemment donnée, à toutes les parties de la nouvelle province ecclésiastique. C'est alors qu'un champ facile fut offert à l'opposition clérico-laïque pour écraser l'autorité de Mgr Hassoun, qu'on accusait d'avoir cédé à la curie romaine, et de n'avoir pas défendu les prérogatives de l'Eglise nationale, en acceptant cette mutilation de l'autorité patriarcale, qui s'était conservée intacte en Cilicie depuis des siècles. Dès à présent, il importe de remarquer que l'opposition se souciait fort peu de la dignité, de la grandeur et de la plénitude du pouvoir du patriarche. Au contraire, le clergé récalcitrant était plutôt heureux de voir le patriarche amoindri et traité comme l'un des évêques qui occupent les moindres siéges de l'Italie, toutefois l'occasion était trop belle pour ne pas en profiter. Néanmoins, la Sublime-Porte, excitée par les puissances, même, hélas! par les puissances catholiques, n'eût rien de plus pressé que de dénoncer donc cette bulle comme attentatoire aux droits de sa souveraineté et aux priviléges des Eglises orientales. Ici l'on ne peut s'empêcher de remarquer que l'attitude de la Porte est singulièrement entachée d'anomalie, et même d'arbitraire. En effet, la nouvelle bulle étendant seulement les dispositions d'une autre bulle déjà en vigueur dans la capitale, la Porte ne saurait y trouver aucun attentat à ses droits de souveraineté. Mais les événements de 1870 peuvent servir à expliquer cette incroyable susceptibilité. En effet, au centre de l'Europe, il s'était formé une puissance redoutable aux catholiques; la Russie avait acquis en Orient toute la prépondérance perdue lors de la guerre de Crimée; d'autre part, l'Autriche et la France, puissances catholiques cependant, n'étaient pas les dernières à crier aux empiétements de la cour de Rome. Un des représentants de ces puissances avait même déclaré qu'un acte comme la bulle *Reversurus* serait considéré dans les Etats de son souverain comme non avenu, et que le prélat capable d'y adhérer serait expulsé.

Dès lors la Porte entra dans une nouvelle voie. Elle dénonça d'abord cet acte, en même temps qu'elle enlevait à Mgr Hassoun son titre légal de patriarche. Plus tard, elle lui donna même un successeur dans la personne d'un prélat apostat, et fit exiler Mgr Hassoun. Partout les évêques catholiques furent remplacés par des moines dissidents qui avaient répudié ouvertement l'autorité et la juridiction du Saint-Siége. La grande communauté arménienne catholique fut ainsi contrainte de rompre ses liens avec le Saint-Siége. C'est alors qu'on vit dans des villes de dix ou de vingt mille âmes, un seul moine apostat, fort du concours du gouvernement., prendre possession de tous les biens de la nation, en dépit des protestations les plus vives et des résistances morales les plus énergiques.

La vie civile et religieuse cessa pour la nation arménienne catholique ; dépossédée de ses biens, privée de la liberté de son culte, traquée et persécutée jusque dans ses transactions privées, en butte aux plus durs traitements, comme ceux qu'on a signalés précédemment dans les villes de l'Asie mineure, cette nation, dans cette lutte inégale, avait acquis les sympathies des puissances européennes et du monde civilisé. Cet état de choses ne pouvait durer, car en mettant en péril les intérêts religieux des populations chrétiennes, il se compliquait d'une ingérence directe de la puissance mahométane dans les affaires des communautés, et constituait un double danger au point de vue intérieur et extérieur de l'empire ottoman.

IV

Des négociations avaient été engagées l'an dernier entre la cour de Vienne et le Saint-Siége, et elles avaient fait espérer d'amener une issue favorable, le souverain Pontife ayant déclaré qu'il était prêt à prendre de nouvelles mesures par rapport à la bulle *Reversurus* si la Sublime Porte réintégrait la communauté dans ses droits, reconnaissait comme légitimes ses prélats dépossédés, et rappelait son chef, le patriarche Hassoun, aujourd'hui en exil à Rome. Malheureusement, la question d'Orient se réveillant sous une de ses phases et occupant les loisirs de la diplomatie, il ne semble pas que l'Autriche ait eu le loisir de donner son attention à la question arménienne.

La lutte si courageuse que la nation arménienne catholique a soutenue pour la défense de sa foi et de ses droits religieux et civils, l'attachement constant qu'elle a montré au Saint-Siége en dépit de ceux qui menaçaient de lui enlever ses droits les plus précieux, conquis au prix de tant de sacrifices et des plus cruelles persécutions en 1830, l'attitude héroïque de ses pasteurs et de son chef suprême ont démontré jusqu'à l'évidence combien est vive chez elle la foi catholique et quel rang occupe son église dans l'Eglise universelle. Aussi les appréhensions qui avaient en grande partie inspiré au Saint-Siége les mesures de 1867, étant entièrement dissipées, grâce aux récentes épreuves, et, d'autre part, les changements de politique survenus dans ces dernières années ayant amené des déplacements d'influences qui rendaient l'application de ces mesures impossible chez les autres Eglises d'Orient, le Saint-Siége, qui agit toujours avec la plus grande sagesse en tout ce qui concerne la discipline et le gouvernement général des Eglises, tenant compte, selon qu'il le juge bon, des temps, des lieux et des exigences que peuvent réclamer les circonstances, et qui apporte à cet effet les modifications qu'il croit nécessaires et salutaires, le Saint-Siége, disons-nous, saura venir en aide à ces souffrances et par telle mesure qu'il jugera convenable compatir à ces persécutions. Ajoutons

que, loin de porter atteinte au prestige
de l'autorité pontificale en Orient, la
décision dont il s'est agi lors des négociations avec l'Autriche relèverait
cette autorité aux yeux des masses catholiques, qui y verraient la récompense
de l'attachement constant dont elles
ont fait preuve durant toute cette lutte,
afin de garder intacts les principes de
la sainte Eglise catholique et leur fidé-
lité inébranlable à l'Eglise de Rome.

En outre, cette décision serait un
coup fatal porté de nouveau aux néo-
schismatiques et aux doctrines qu'ils
professent, suivant lesquelles le souverain Pontife n'ayant aucune juridiction sur les populations orientales, ne
serait pas plus en droit de modifier
une ancienne bulle que d'en promul-
guer une nouvelle. Les néo-schismatiques, adeptes maladroits de la doctrine
de Photius, voient en effet dans les dispositions témoignées récemment par
le Saint-Siége une atteinte à leurs
doctrines, car ils déclarent ne vou-
loir à aucun prix l'exercice de cette
souveraineté spirituelle, qu'il s'a-
gisse de restreindre ou bien d'é-
tendre les prérogatives de l'Eglise
arménienne; c'est ce que soutient, en
propres termes, le chef de ce néo-

schisme, l'apostat Mgr Kazangian. Enfin, l'on peut ajouter qu'indépendamment de ce résultat, une décision comme celle dont il s'agit aurait pour effet de placer l'Eglise arménienne dans les conditions où se trouvent les Eglises chaldéenne, syrienne, maronite et grecque-unie, que ne concernent pas les dispositions de la bulle *Reversurus*, ce qui leur donne vis-à-vis de l'Eglise arménienne une sorte de supériorité. Disons encore qu'on a sujet d'espérer que, par cette décision, le mouvement de conversion chez les Arméniens schismatiques, qui s'est ralenti depuis le malheur des derniers événements, reprendrait bientôt tout son essor.

Mais pour ces heureux effets, il est indispensable que le retour de Mgr Hassoun soit le premier signe du nouvel état de choses ; car on comprend à merveille que la dignité du Saint-Siége ne saurait qu'à ce prix consentir à d'autres concessions. D'ailleurs, les intérêts du catholicisme ne réclament pas moins la présence de Mgr Hassoun à la tête de son église, où les catholiques saluaient en lui la triple auréole que lui font son grand courage, sa grande intelligence et ses grandes vertus. Une fois de retour, ses fidèles qui, par son absence, ont appris mieux encore à connaître combien il leur est indispensable, sont assurés que son zèle s'exercerait à réparer tous les ravages produits par les néo-schismatiques. Les autres évêques, remis en possession de leurs siéges et de leurs biens, imiteraient son exemple, en sorte que cette Eglise, si éprouvée et toujours agitée depuis son établissement, ne tarderait pas, reprenant vie sur ces nouvelles bases, avec son clergé réformé, d'attirer à elle ses anciens frères les Arméniens non unis, qui trouveraient tous les avantages de la discipline des catholiques unis, tout en conservant, avec l'assentiment du Saint-Siége, leur antique liturgie et leurs rites vénérables.

Quant à cette microscopique communauté, ou plutôt à cette nouvelle secte appelée kupélianiste, laquelle ne compte pas plus de 2,000 adhérents, elle ne tarderait pas à se disperser, ou bien, si elle continuait à vivre, elle ne pourrait le faire qu'en se donnant un nouveau titre, celui qu'elle a usurpé étant restitué à la nation arménienne catholique qui n'a jamais pu en être justement dépossédée.

V

Mais, nous dira-t-on peut-être, cette guerre soulevée dans les domaines du sultan contre l'Eglise catholique étant allumée, ainsi que nous l'avons expliqué, par un prétexte, et alimentée par des intérêts si opposés, sera-t-elle abandonnée facilement par le gouvernement ottoman, à qui l'on a persuadé de suivre uniformément jusqu'ici une politique d'immixtion, contraire à toutes ses traditions, vis-à-vis des pauvres populations catholiques?

Pour répondre nettement à cette question, nous dirons notre pensée sans biais comme sans hésitation. L'état de la question arménienne, sans présenter, nous l'avons dit, le côté sanglant d'une autre question, est aussi sérieux et aussi grave, si on l'envisage au point de vue du droit, des obligations internationales violées, des grands principes moraux méconnus et foulés aux pieds. Au nom de quels principes, en effet, toutes les puissances se sont-elles mises d'accord et ont-elles présenté récemment

la note rédigée par le comte Andrassy ?
C'est au nom de la justice et de l'é-
quité, de la paix sociale, qui exigeait
que les principes de la liberté et de
l'égalité religieuses proclamés par le
hatti humayoun de 1856, et confirmés
depuis, fussent non une lettre morte,
mais une réalité dans un Etat que le
traité de Paris a admis au concert eu-
ropéen. Eh bien, nous le demandons
à tous les hommes de bonne foi et de
bon sens, cette liberté de conscience
outragée tous les jours chez les Arméniens, cette immixtion constante dans
les affaires des communautés d'une
puissance musulmane, tous les faits
scandaleux qui ôtent à une population
si pacifique la jouissance paisible de
ses droits primordiaux, civils et religieux, ne constituent-ils pas autant de
violations flagrantes de tous les principes garantis aux populations chrétiennes, sans distinction de race et de re-
ligion, par les hatts, sous les yeux de
l'Europe ?

On n'en peut douter, tous les traitements auxquels est en butte cette
nation et que naguères un organe
peu suspect, le *Journal des Débats* (1),

---

(1) *Journal des Débats* du 17 février.

qualifiait « d'actes barbares, » au-
raient donné lieu à plus d'un conflit, à plus d'un désordre, si les arméniens n'espéraient toujours dans la
justice des puissances européennes
pour faire à la Porte les représenta-
tions nécessaires afin de faire cesser
cet état intolérable. Aujourd'hui plus
que jamais, après l'intervention que
signale la note Andrassy, il est du devoir de l'Europe chrétienne, et parti-
culièrement de l'Europe catholique, de
faire respecter ces grands principes
dans cette malheureuse nation arménienne. D'ailleurs, en invitant le di-
van au respect de ses engagements et
au retour de ses traditions, en ce qui
regarde sa non-immixtion dans les
affaires religieuses de la commanauté,
les puissances auront rendu un vrai
et réel service à l'empire ottoman; car
on lui épargnerait ainsi des périls
d'un ordre plus grave, qui viendraient
s'ajouter bientôt aux embarras politi-
ques, administratifs et financiers dont
il est présentement entouré. Nous som-
mes persuadé que les puissances ne
failliront pas à cette tâche, qui leur est
imposée par la conscience universelle,
d'autant plus que le Saint-Siége, par
un acte spontané de sa générosité,

leur ôtant tout prétexte. a rendu cette tâche souverainement facile, disons impérieusement nécessaire.

Si elle désertait cette action, l'Autriche manquerait à toutes ses promesses, et nous ne voulons pas croire que tel soit son dessein; mais l'initiative du gouvernement autrichien en vue d'assurer à jamais aux arméniens catholiques la liberté religieuse et les immunités à eux garanties par une série d'hatti-humayoun, anciens et récents, ne doit pas moins appeler le concours unanime des puissances, si elles veulent vraiment se donner la tâche d'empêcher tout conflit en Orient, surtout les conflis qui, à un moment donné, pourraient créer de vrais périls pour la paix.

Paris, 20 mars 1876.

Paris. — Typ. Georges Chamerot, rue des Saints-Pères, 19.